BIBLIOTECA GRÁFICA

DELFINES

BIBLIOTECA GRÁFICA

DELFINES

Norman Barrett

Franklin Watts

Londres   Nueva York   Sydney   Toronto

First Spanish language edition
published in the USA in 1991 by
Franklin Watts, Inc.
387 Park Avenue South
New York, NY 10016

Spanish translation copyright © 1991
by Franklin Watts, Inc.

ISBN: 0-531-07920-1
Library of Congress Catalog Card
Number 90-71418

English language edition © 1989
by Franklin Watts Ltd

Printed in Italy

Designed by
Barrett & Weintroub

Photographs by
Survival Anglia
Pat Morris
N.S. Barrett
Miami Seaquarium
Sea Life Park, Hawaii
Ardea (Cover)

Illustration by
Rhoda & Robert Burns

Technical Consultant
Michael Chinery

Contenido

Introducción

Los delfines son ballenas pequeñas.
Algunas personas creen que están
entre las criaturas más inteligentes
de la tierra. Son animales juguetones
y amigables y confiados con la gente.

Hay delfines en casi todos los
océanos del mundo. La mayoría vive
en aguas cercanas a la costa.
Aunque parecen grandes peces, los
delfines son mamíferos. Respiran
aire, tienen crías vivas y las alimentan
con leche.

△ Algunos delfines en
mar abierto saltando
fuera del agua mientras
nadan y juegan juntos.
La mayoría de los
distintos delfines viven
en grupos familiares.

Hay muchas clases de delfines. Los más grandes son la ballena asesina y la ballena piloto. Las marsopas son también miembros del grupo de los delfines.

Las ballenas asesinas, o las orcas, pueden ser cazadores feroces aunque no atacan a la gente. La mayoría de los delfines se alimenta de pescado y calamar.

Algunas especies de delfines han sido entrenadas para ser exhibidos en circos marinos o "dolfinarios".

△ Algunos delfines luciendo sus habilidades en un acuario marino en Miami. Muchas personas creen que no debía sacarse a los delfines de su ambiente natural para servir de entretenimiento al público. Los delfines en cautividad no viven tanto como en su medio natural.

Mirando delfines

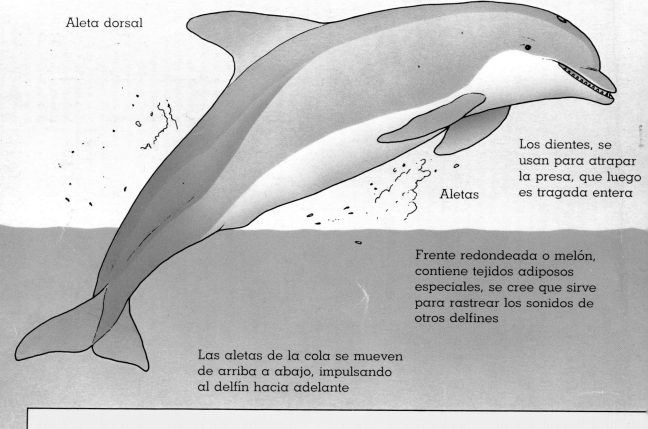

La abertura nasal, una cavidad usada para respirar en la superficie, se cierra debajo del agua con la ayuda de poderosos músculos

Aleta dorsal

Los dientes, se usan para atrapar la presa, que luego es tragada entera

Aletas

Frente redondeada o melón, contiene tejidos adiposos especiales, se cree que sirve para rastrear los sonidos de otros delfines

Las aletas de la cola se mueven de arriba a abajo, impulsando al delfín hacia adelante

Tamaños y formas de los delfines

Los delfines varían en tamaño desde la más pequeña marsopa a la ballena asesina más grande. Por lo común, el macho es más grande que la hembra. Las figuras en estas páginas son de delfines machos, y las longitudes dadas son de adultos que han alcanzado su tamaño máximo.

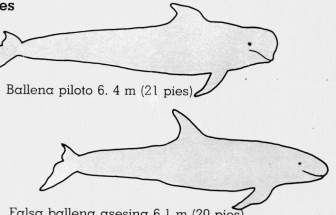

Ballena piloto 6. 4 m (21 pies)

Falsa ballena asesina 6.1 m (20 pies)

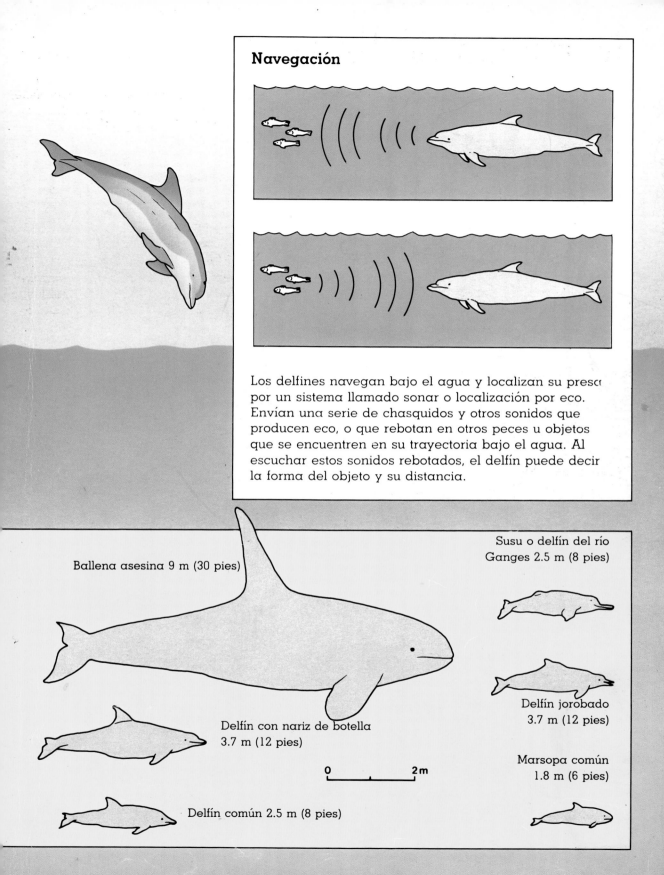

Navegación

Los delfines navegan bajo el agua y localizan su presa por un sistema llamado sonar o localización por eco. Envían una serie de chasquidos y otros sonidos que producen eco, o que rebotan en otros peces u objetos que se encuentren en su trayectoria bajo el agua. Al escuchar estos sonidos rebotados, el delfín puede decir la forma del objeto y su distancia.

Ballena asesina 9 m (30 pies)

Susu o delfín del río
Ganges 2.5 m (8 pies)

Delfín con nariz de botella
3.7 m (12 pies)

Delfín jorobado
3.7 m (12 pies)

Marsopa común
1.8 m (6 pies)

0   2m

Delfín común 2.5 m (8 pies)

Clases de delfines

Existen más de 30 especies en la familia de los delfines, llamados Delfínidos. Incluyen las ballenas asesinas y pilotos así como los delfines comunes. Las marsopas y los delfines de río pertenecen a otras familias.

El delfín que se encuentra a veces en menús de restaurantes, es un pez, el dorado, y no está relacionado con los delfines.

Los delfines varían en tamaño de 1.4 a 9 metros (4 - 30 pies). Pesan entre 45 kg (100 libras) y varias toneladas.

▽ La ballena piloto, a veces llamada pez negro, es uno de los delfines más grandes, con un promedio de 5 metros (14 pies) de longitud. Tiene una cabeza muy bulbosa, con un pico que apenas se nota.

△ La ballena asesina es
el delfín más grande. En
promedio, las ballenas
asesinas miden 6.5 m
(21 pies), pero alcanzan
a medir hasta 9 m
(30 pies). Son fáciles de
reconocer en el mar por
su aleta dorsal, la más
alta de cualquier
ballena o delfín.

◁ La ballena asesina
tiene mandíbulas
poderosas. Se alimenta
de peces grandes, focas
y ocasionalmente de
otras ballenas grandes,
pero no se sabe que
ataque a los nadadores.

La especie mejor conocida de delfín, la que se ve ejecutar trucos con más frecuencia en los delfinarios, es el delfín con nariz de botella. También es la que estudian en investigaciones ciéntificas. Es gris, con un pico corto y una expresión que parece una sonrisa.

En estado salvaje, estos delfines viven cerca de las costas de Europa y Norte América y miden unos 10 a 12 pies (3-3.6 m). Es similar al delfín común, pero mucho más grande.

▷ Un delfín con nariz de botella tiene una expresión simpática mientras gira bajo el agua. ¿Es una sonrisa?

▽ Estos delfines viven principalmente en aguas costeras. Los más grandes crecen hasta 3.7 m (12 pies) y pesan tanto como 370 kg (800 libras).

△ El delfín de costado blanco del Pacífico, uno de los delfines de vientre blanco de arado, tiene una aleta alta cuya mitad es blanca.

◁ Las ballenas asesinas falsas adquieren su nombre por ser parecido con las ballenas asesinas. Sin embargo, son más pequeñas y totalmente negras, y su aleta dorsal es mucho más pequeña.

▷ Algunos delfines comunes nadan juntos. Viven en mares templados y tropicales y se les ve con frecuencia en mar abierto.

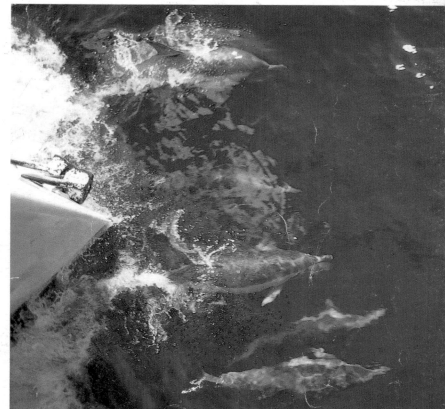

◁ El delfín negruzco es otra especie de delfín de arado. Su vientre blanco se ve obscuro, y puede parecer casi negro desde lejos.

▽ El delfín de Commerson es un pequeño delfín con cuerpo blanco y cabeza, aletas y cola negras. Vive en la parte sur del Atlántico y del océano Indico.

Las cuatro especies de delfines de río pertenecen a una familia diferente llamada Platanistida. Viven en su mayoría en ríos. Hay dos clases que se encuentran en América del Sur, una en la India y otra en China.

Los delfines de río tienen largos picos y pueden voltear la cabeza hacia arriba, abajo y a los lados. Se mueven lentamente en su ambiente fangoso. La especie india, el susu, es casi ciego, pero navega de forma experta usando su sonar y encuentra su comida al tacto.

△ **Un bouto cautivo, llamado también delfín del río Amazonas, en aguas mucho más claras que los ríos fangosos en los que habita en estado salvaje. Como el susu indio, tiene sólo una joroba en vez de aleta dorsal.**

Cómo viven los delfines

Los delfines que viven en el océano se mueven en grupos familiares. La mayoría de los grupos consisten de un delfín macho dominante, algunas hembras y sus crías y algunos delfines inmaduros de ambos sexos.

Los delfines de nariz de botella viven en grupos de entre 2 a 25, las ballenas asesinas en grupos de hasta 40. En algunas especies, se combinan varios grupos familiares para moverse por los océanos en bancos de cientos de delfines.

△ Los delfines nadan, juegan y cazan comida en grupos familiares y algunas veces se combinan en grupos mayores llamados bancos o manadas. Algunas especies disfrutan jugando cerca de los barcos o zurcando las olas dejadas por la proa (la frente) de un bote.

Los delfines se impulsan en el agua moviendo sus aletas de la cola de arriba a abajo. Usan sus aletas dorsales para maniobrar, dar vuelta y reducir la velocidad.

Los delfines no necesitan hundirse demasiado en busca de comida como algunas de las ballenas más grandes, pero tienen la habilidad para hacerlo. Cuando se sumergen, sus pulmones se comprimen y su latido cardiaco se hace más lento, permitiéndoles ajustarse a la presión creciente.

▽ **Unas ballenas asesinas nadan y se zambullen en las aguas costeras poco profundas. Se encuentran entre los delfines más veloces.**

La mayoría de los delfines se aparea en la primavera o principios del verano. La hembra, o vaca marina, da a luz un bebé o becerro marino. Las madres son muy protectoras con sus crías. Los delfines bebés se alimentan con leche materna por un año o más, pero empiezan a comer pescado alrededor de los seis meses.

En su ambiente natural, se cree que la mayoría de las especies de delfines viven al menos 25 años. Algunas ballenas piloto pueden alcanzar los 50 años, y se ha sabido de ballenas asesinas que han vivido aún más.

▷ Al salto que dan fuera del agua se le conoce como rompimiento. Los delfines hacen esto como parte de sus juegos y posiblemente para desorganizar a los bancos de peces que persiguen, especialmente cuando cazan en bandada.

▽ Una vaca marina con su ballenato. La abertura nasal de la cría puede apreciarse claramente. Al nacer, un ballenato no tiene aire en sus pulmones. Pero su madre u otro miembro de la familia le ayuda a subir a la superficie.

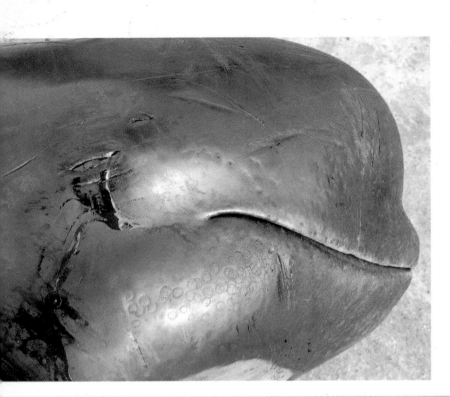

◁ Las pequeñas marcas circulares que rodean la boca de esta ballena piloto pudieron ser causadas por los discos succionadores de un calamar, su alimento favorito.

▽ Estos leones marinos están temerosos en la orilla mientras una ballena asesina acecha en el agua. Las ballenas asesinas son los únicos miembros de las familias de ballenas o delfines que cazan animales de sangre caliente como las focas, pinguinos, delfines, marsopas y ballenas.

A veces los delfines nadan en aguas muy poco profundas y se quedan varados en la playa. No pueden sobrevivir por mucho tiempo fuera del agua porque sus cuerpos se sobrecalientan.

Entre algunas especies de delfines, manadas enteras de animales han sido encontradas varadas o encalladas de esta manera. No se sabe a ciencia cierta porqué sucede esto. Aún cuando han sido devueltos al mar, pueden regresar si algunos del grupo están clamando auxilio todavía.

△ Una desafortunada marsopa yace muerta, varada en la playa. Las marsopas no tienen pico y sus aletas son más pequeñas que las de otros miembros del grupo de los delfines.

El peor enemigo del delfín es el ser humano. Estas criaturas amigables e inteligentes son todavía hoy en día cazadas en algunas partes del mundo, y miles más mueren accidentalmente en las redes de pesca.

Científicos preocupados por la supervivencia de los delfines les implantan transmisores a algunos animales para rastrear sus movimientos.

◁ Manteniendo fresco a un delfín mientras se encuentra fuera del agua.

▽ Fijando el transmisor de radio.

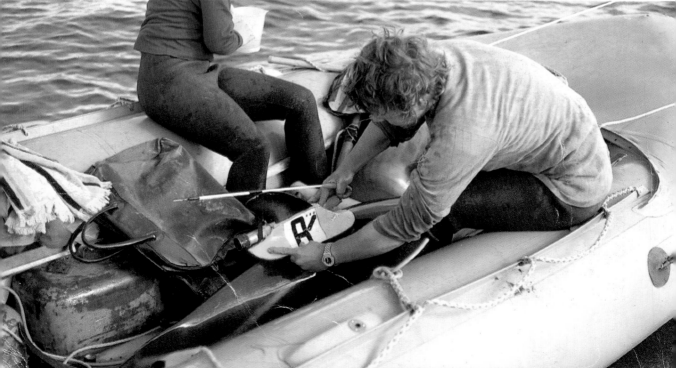

Delfines en cautiverio

Los delfines son espectáculo popular en muchas partes del mundo. Son muy aptos para aprender trucos acrobáticos y muchas veces inventan los suyos propios.

La mayoría de los entrenadores aman a sus animales, y no es necesario sobornar a los delfines con comida para que desempeñen sus trucos. Sin embargo, muchos entrenadores se preocupan porque sienten que los delfines no debían mantenerse en cautividad, haciendo las mismas cosas día tras día.

▽ **Entrenando a un delfín con nariz de botella en la Fundación Oceánica en Hawai.**

◁ Dos delfines saltan una barra alta al unísono en el dolfinario Océano del Mundo en Fort Lauderdale. Parecen divertirse mientras desempeñan sus maravillosas hazañas. Pero mucha gente siente que vivirían más felices en estado salvaje, donde pueden cruzar los oceanos, en vez de estar encerrados aunque sea en los parques de vida marina más grandes.

◁ Un delfín nariz de botella acepta un pescado de una niña. A pesar de permanecer en cautividad, los delfines continuan siendo de las criaturas más amigables. Sin embargo, son capaces de matar a un tiburón embistiéndolo por el costado con su pico.

La historia de los delfines

Un animal muy inteligente

Los delfines y otras ballenas evolucionaron (cambiaron a través de millones de años) de mamíferos terrestres. Se han encontrado restos fosilizados de animales parecidos a los delfines que vivieron en el mar hace 45 millones de años. Pero cómo evolucionaron a los delfines actuales no se sabe, debido a que no hay datos continuos de fósiles.

Algunos científicos creen, de cualquier manera, que el cerebro del delfín llegó a ser muy sofisticado mucho antes que el cerebro humano, y que hubo un tiempo en que probablemente fueran las criaturas más inteligentes en la tierra.

El amigable delfín

A través de la historia se ha considerado al delfín como un animal amigable y ha sido tratado con cariño y respeto. Los habitantes de Minos en la isla mediterránea de Creta, veían al delfín, hace 3,500 años, como un símbolo de la música y la alegría.

En la antigua Grecia, el delfín común estaba consagrado al dios Apolo. Los artistas griegos decoraban su cerámica y paredes con pinturas de delfines, y el delfín aparecía también en las monedas griegas antiguas. Se cuenta que un poeta griego llamado Arión, que vivió hace unos 2,700 años, fue salvado de ahogarse en el mar por un delfín, después de ser arrojado al mar por unos marineros. También hay mitos antiguos de delfines ayudando a los dioses a rescatar niños y damas en peligro. Existen muchas historias de gente rescatada por delfines, y por siglos los marinos han considerado como señal de buena suerte ver delfines cerca de su embarcación.

△ Un fresco pintado hace 3,500 años en la isla griega de Creta donde aparecen delfines.

Cazando a nuestro amigo

Parece perverso que la gente trate de cazar y matar a un animal que aparenta ser tan inteligente y ser un buen amigo de la humanidad. A pesar de eso, se han matado miles de delfines por su carne, como alimento de otros animales y por su aceite. Miles más mueren a manos de los pescadores que se quejan de que los delfines comen demasiado pescado y echan a perder su pesca. Gracias a los esfuerzos de los grupos que buscan la conservación de la vida salvaje como Greenpeace, la atención pública mundial se ha hecho consciente de estas prácticas y muchas han sido prohibidas. Pero existen aún amenazas serias que ponen en peligro el bienestar y supervivencia de muchas especies de delfines. Hay miles que mueren todavía atrapados en las enormes redes de arrastre usadas por algunas flotillas pesqueras. La contaminación en los océanos, causada por el deshecho industrial, los está convirtiendo rápidamente en un lugar peligroso para vivir.

△ **Un delfín actuando en el Acuario Marino de Miami. La mayoría de los dolfinarios más grandes tratan arduamente de cuidar bien a sus animales y tratarlos con cariño y bondad. Pero nunca debemos aceptar sin cuestionarlo el que tengamos el derecho de sacar a estos animales de su ambiente salvaje y usarlos de esta manera.**

Actores de circo

Al igual que con cualquier animal que ejecuta trucos en un circo, hay mucha gente que siente que no es correcto sacar a los delfines de su estado salvaje y confinarlos en un área pequeña de agua, y mucho menos hacerlos aparecer como bufones que llevan a cabo los trucos que se les enseñan. Hay algunas personas que creen que si la humanidad tiene la necesidad de mantener en cautividad a estos hermosos y elegantes animales, al menos se les debe tratar con respeto.

△ **Estos científicos llevan cuenta de los movimientos de los delfines. El descenso en sus poblaciones por diversas razones es causa seria de preocupación.**

Datos y récords

△ **Es fácil reconocer a la ballena asesina por su aleta dorsal tan larga.**

Los más grandes y veloces

El miembro más grande de la familia de los delfines, los Delfínidos, es la ballena asesina, o la orca. Los machos maduros miden, en promedio, cerca de 6.5 m (21 pies) de largo, pero algunos han alcanzado cerca de 9 m (30 pies) y pesan varias toneladas. La aleta dorsal es la más alta de cualquier otra ballena o delfín, llega a medir cerca de 1.5 m (5 pies) en los machos.

La ballena asesina es también el mamífero más rápido en el agua. Se han observado velocidades de 65 km por hora (40 mph) en distancias cortas.

Ayudando a los pescadores

Ejemplos de delfines cooperando con pescadores datan miles de años y han ocurrido en muchas partes del mundo. Conducían peces a las redes de los antiguos griegos y romanos, y todavía lo hacen en Queensland, Australia, para los aborígenes nativos.

Los delfines de río en la India, China y Sudamérica también ayudan a los pescadores locales de la misma manera. En los ríos sagrados de la India, los delfines eran considerados como sagrados, y son tan mansos que nadan entre las piernas de los peregrinos que vadean las aguas.

Navegantes

Los delfines de río son navegantes maravillosos. Los boutos en Sudamérica pueden salir del río despues de una tormenta tropical para buscar comida en la selva inundada. De regreso, encuentra su camino entre las lodosas aguas rodeadas de altos árboles que impiden el paso a la luz, en donde la gente se perdería sin remedio.

△ **El bouto necesita ser un buen navegante en las lodosas aguas donde atrapa su comida.**

Glosario

Aleta dorsal
La aleta en la espalda del delfín.

Ballenato
Un delfín bebé.

Bandada
Un grupo grande de delfines, a veces en los cientos, formado por numerosos grupos familiares. También se le llama banco o manada.

Conservacionista
Una persona involucrada en prevenir el desperdicio o que se echen a perder los recursos naturales de la tierra, incluyendo la matanza innecesaria de animales.

Delfín de río
Cualquiera de las cuatro especies de delfines de agua dulce que viven en ríos y lagos.

Dolfinario
Un gran acuario donde se conservan delfines para entretener al público.

Especie
Una clase particular de animal. Los animales de la misma especie tienen crías de la misma especie.

Evolucionar
Desarrollarse y cambiar en el transcurso de millones de años.

Fósil
Una impresión de los restos de cualquier cosa viviente preservada a través de millones de años en substancias tales como roca.

Habitat o Medio ambiente
El ambiente natural en estado salvaje de un animal.

Marsopa
Cualquiera de siete especies de pequeños delfines. A veces, a los delfines se les llama marsopas.

Orificio nasal
La nariz, o fosa nasal, del delfín por la que respira aire.

Rompiendo
Saltando fuera del agua.

Sonar
Un sistema basado en la reflexion del eco usado por los delfines para localizar su presa y navegar.

Vaca marina
Una hembra madura de delfín. A los machos maduros se les llama toros.

Varado o Encallado
Cuando los delfines se encuentran atrapados y aislados en la playa se dice que están varados o encallados.

Índice